AF279626

Originalausgabe

Herstellung und Verlag: BoD – Books on Demand, Norderstedt
ISBN: 9783757879204

Weisheits- sprüche

Was Weisheit ist, lässt sich schwer in wenige Worte fassen. An sich ist Weisheit für die Klugheit das, was Klugheit für die Dummheit ist oder anders gesagt: Klugheit multipliziert mit Klugheit ergibt Weisheit.

Seit dem Altertum verehren wir die Weisen. Auch heute ist das nicht anders, nur das ihre Anzahl drastisch abgenommen hat, da alle voll von unnützem Wissen sind, welches sie aus TV, Social Media und allen möglichen Portalen aufgesaugt haben, welches aber keinerlei tiefen Sinn besitzt und letztendlich nur oberflächliche Tatsachen und Fakten darstellt. Doch genau das ist Weisheit nicht, nämlich oberflächlich, und vielleicht ist das die beste Definition für Weisheit, nämlich dass sie tiefgründig ist.

Diese Weisheitssprüche sollen der Finger sein, der zum Mond zeigt. Der Mond meint hier deine eigene Weisheit. Wir dürfen nicht nur nicht den Finger mit dem Mond verwechseln, noch weniger dürfen wir vergessen, dass in jedem von uns ein Schatz der Weisheit schlummert, der darauf wartet, gehoben zu werden.

Frei von Todesangst,
Den Sinn im Unsinn sehen
Und wahrhaft Liebe leben,
Sagen sie, sind die Zeichen der Weisen.

Sehen und das
Richtige Verstehen,
Führen zu einem besseren Leben.

Ein offener Geist
und ein freies Herz
Sind die Schätze der Welt.

Weise betrachte dich
Und sieh, wie du
Im Strom der Zeit fließt.

In Äonen
Bleiben Wahrheiten,
Die alle Weisen verstehen.

Die Winde der Welt
Wehen ungeschützt die
Unwissenden umher.
Weisheit ist ein Kompass.

Drei Augen.
Zwei zum Sehen.
Eins zum Verstehen.

Suche Weisheit
Mehr als alles Geld
Der Welt.

Wahre Freundschaft
Zu finden, ist eines der
Größten Rätsel des Lebens.

Weise wissen,
Dass Fehler unvermeidbar sind.
Nur Narren halten sich
Für fehlerfrei.

In einem Moment
Liegen Tod und Geburt.
Weisheit erkennt die
Tiefe des Augenblicks.

Wege zu wählen,
Ohne zu reflektieren,
Ist gefährlich.

*Die Wahrheit liegt zwischen
Tag und Nacht,
Licht und Dunkelheit
Und zwischen Leben und Tod.*

*Generationen kommen;
Die Weisen knüpfen das Band
Zwischen den Zeitaltern.*

*Weise schweigen,
Solange die Hörer nicht reif
Genug sind zu verstehen.*

Um die anderen
Zu verstehen,
Musst du in dich
Selbst reinsehen.

Die Winde der Welt
Sind voll Gier, Neid und Intrigen.
Die Weisen vermeiden die Welt
Und kommen nur, um zu retten.

In einsamen Höhlen und
Hohen Türmen in der alten Zeit
Saßen heilige Männer
Und verstanden mehr als die Heutigen.

Eine Welt,
Die sich missversteht,
Weil ihr Weisheit fehlt.

Im Licht
Erkennen die Menschen.
Deshalb heißt es Erleuchtung.

Zu sehen, was entsteht
Aus dem, was gerade
Vor sich geht.

Weise wählst du
Deine Schritte und weise
Bereitest du dich auf die Härten
Des Lebens vor, die unausweichlich sind.

Ein kleines Kind reift
Zum Erwachsenen.
Was ist das wahre Wesen,
Wenn alles Wandel ist?

Systeme erzeugen Fehler,
Aber ohne Systeme
Verlieren wir alles.

*Weise überlegen
Und alles erwägen.
Dann dem Plan
Ohne zögern nachgehen.*

*Sinne erkennen die Sinnesdinge,
Aber das höchste Bewusstsein
Geht über das Sinnliche hinaus.*

*Zu hören, was zwischen den Worten.
Zu sehen, was zwischen den Bildern.
Zu fühlen, was zwischen den Ereignissen.*

*Weisheit ist etwas anderes
Als Intelligenz. Nur eines der beiden
Kann alles, was das andere kann.*

*Sieh in deine Vergangenheit
Und erkenne deine Zukunft und
Die Macht des Augenblicks.*

*Ein Weiser spricht nicht schnell
Und unüberlegt. Tief geht sein Blick,
Bevor er spricht.*

Sie reden von Revolution, weil sie hoffen,
Es macht die Welt besser.
Aber nur Weisheit hat die Macht, die Welt
Besser zu machen.

Hören, ohne zu verstehen.
Sehen, ohne zu erkennen.
Fühlen, ohne sich zu verbinden.
Das sind die Wege ins Unglück.

Finde die Wahrheit
Deines Wesens und
Lerne über dich hinauszugehen.

Denken hilft,
Aber am Ende
Ist es die Tat,
Die etwas ausführt.

Weise lehren seit alter Zeit.
Doch die Narren hören nicht
Zu und so rasen wir von Katastrophe
Zu Katastrophe.

Gewahr, dass nur das hier und jetzt
Bewiesen ist, machen wir
Das Beste draus.

Sie denken ohne zu denken,
Was dazu führt,
Dass sie sich mit Waffen bekämpfen.

Das Wesen der Weisheit
Ist die Tiefe der Welt,
Die unendlich ist.

Wer hilft, dem wird geholfen;
Darin steckt mehr ökonomische
Weisheit als in den Wirtschaftsbüchern
An den Universitäten.

*Niemand kann
Die Welt verändern,
Ohne sich selbst
Zu verändern.*

*Welche Macht
Hat die Kraft, die Welt
Besser zu machen?
Nur Weisheit! Nur Weisheit!*

*Weise zu sehen und
Tief zu verstehen,
Um einen Weg zu wählen.*

Weise träumen,
Um die Welt
Zu einem Traum zu machen.

Ehrlich sein
Ist der Weg
Zur höchsten Erkenntnis.

Finde die Tiefe
In der Welt.
Lebe, was Wahrheit
Offenbart.

Lerne und verstehe
Und dann ist es Zeit,
Auf das nächste Level
Zu gehen.

Verbinde die Punkte
Und sieh das ganze Bild,
Bevor du dein Urteil fällst.

Opfere dich für die Dinge,
Die wirklich im
Leben zählen.

Wenn Blinde sehen
Und Taube hören,
Dann werden Dumme
Endlich verstehen.

Weisheit heilt
Von der Narretei
Der Kriegshetzerei.

Wir finden uns
In den kleinen Momenten
Wahren Verstehens.

Die Weisen lachen
Über andere Dinge
Als die stumpfen Narren.

Füllt die Tische
Mit gutem Essen und
Es wird Frieden sein,
Wissen die Weisen.

Ein kleines Kind
Trägt Weisheit in sich.
Nur welche Erziehung
Bringt sie ans Licht?

*Kleine Momente
Wahrer Güte
Sind die höchste Blüte.*

*Weise reden und reden,
Damit erreichen sie bessere Wege,
Aber die Dummen verstehen nicht,
Bis sie wieder am Abgrund stehen.*

*Hinterher ist man
Immer klüger, außer
Die Weisen, die sehen voraus.*

*Weise siehst du
Den Fluss der Zeit
Und du begreifst,
Was wahre Macht ist.*

*Überall warten Chancen
Auf jene, die mit weisen
Augen sehen.*

*Mit der Kraft des Geistes
Lässt sich mehr bewegen
Als mit jedem Muskel.*

Wo Weisheit wirkt,
Heilung und
Verstehen entsteht.

Manchmal musst du
Nur deine Augen schließen
Und dein Problem analysieren und
Verstehen, um es zu lösen.

Wache Augen sehen
Und verstehen, aber nur
In freien Ländern dürfen sie
Über ihr Verständnis offen reden.

In den Augen der anderen
Spiegelst du dich.
Doch wer weiß,
Wer du wirklich bist?

Das ist unsere Welt, die
Regelmäßig am Abgrund steht,
Weil es ihr an Weisheit fehlt.

Es ist tiefe Weisheit,
Die entscheidet, ob eine
Familie in Eintracht
Oder Zwietracht lebt.

Die Härte, Verwirrung
Und Komplexität der Welt
Untersucht der Weise,
Bis er einen heilen Weg findet.

Nach oben sehen,
Heißt nicht, seinen Kopf zu heben,
Sondern nach moralischer Größe
Zu streben.

Weise gab es zu allen Zeiten.
Das Glück einer Zeitepoche
Hing davon ab, wie sehr sie
Auf ihre Weisen hörten.

Atme und fühle,
Berühre dein Innerstes
Und erkenne das Äußere
Im Inneren.

Mann und Frau,
Konstruiert oder biologisch.
Alles was zählt, ist
Toleranz und Freiheit.

Finde den Wert
Der Menschen
Nicht im Materiellen.

Weise verstehen,
Wie die Dinge entstehen
Und wie aus diesem Verstehen
Neues webt.

Die Pfade des Wissens
Sind der Feuerlöscher
Für die Kriege der Erde.

Es gibt Lösungen
Für jedes Problem.
Wir müssen sie nur finden.

Alles ändert sich.
Keine Lösung
Wirkt ewig.

Das Licht der Erkenntnis
Vertreibt den Nebel
Der Dummheit.

So viele wählten Kriege
Als Lösungswege und
Zerstörten noch mehr.

Glückliche Kinder
Werden kluge Kinder werden,
Wenn die Liebe ehrlich ist.

Weise treiben
Und lassen
Wissen reifen.

Sie suchen Lösungen
Für ihre Probleme,
Dann sollten sie auf
Wissen und Verstehen setzen.

Sie sagen, das Wasser
Symbolisiert die Weisheit,
Denn es fließt und verbindet sich.

Wissen ist Macht,
Schreit die Welt.
Wie recht sie hat.

Füreinander da sein
Und sich umeinander kümmern,
Sind Früchte der Weisheit.

Sehr weise viel Liebe
Und Güte in die
Nächste Generation investieren.

Die Welt dreht sich,
Denn nichts steht jemals still.
Alles verändert sich.
Das ist das Gesetz der Welt.

Kleine Ohren hören
Und begreifen, dass Hass und
Liebe beide wahr sind und
Eine Wahl trotzdem möglich ist.

*Aus unseren Fehlern
Zu lernen,
Ist eine Gabe, die die Menschen
Viel zu selten nutzen.*

*Ist ein Tisch nur ein Tisch oder
Das Konglomerat seiner Teile?
Was ist das wahre Wesen der Dinge?*

*Gott oder Nicht-Gott;
Sein oder Nicht-Sein?
Weil wir seit Generationen die falschen
Fragen stellen, geht es uns nicht besser.*

Die Erkenntnis, dass da mehr
Ist, als was das bloße Auge sieht,
Ist das, was den Weisen
Vom Naiven unterscheidet.

Weise, müde Augen
Aus uralter Zeit
Schauen und analysieren.

Fragen zu stellen,
Ist klug. Antworten zu
Suchen ist klüger, solange
Die Antworten echte Probleme lösen.

Armut ist keine Schande,
Aber Dummheit
Verleitet zu Schandtaten.

Sehen und verstehen.
Untersuchen und analysieren.
Pausenlos werkelt unser Geist.

Verbinde dich
Zuerst und zuletzt
Mit dem Wahrheitsblick.

In die Dunkelheit blicken
Und erkennen, was die
Wahre Natur des Ungewussten ist.

Scham ohne Gram,
Denn zu offen für das
Oberflächliche zu sein,
Zerstört die Zartheit.

Kinder lernen
Und sehen zu den Sternen.
Kinder verstehen
Und wählen eigene Wege.

Unsere Wissenschaftler verstehen
Viel und doch warten mehr Rätsel
Auf eine Lösung, als wir
Bisher gelöst haben.

Neugierige Fragen
Werden uns tragen
Und unseren Geist entflammen,
Alle Antworten zu sammeln.

Wagt zu fragen
Nach dem Wahren
Und lernt zu verwerfen
Falsche Ansichten.

Zu viele wollen wie die Vögel
Vor ihren Problemen davon fliegen,
Aber sie werden ihnen folgen.
Also ist es besser, Lösungen zu finden.

Zu wagen,
Was die wahren Gedanken
Innerlich raten.

Weise träumen auch,
Aber sie träumen nur
Von einer Welt, die besser
Für alle ist.

In den Augen der Menschen
Auf den Straßen schimmern Angst
Und Kummer. Dabei leben sie
Und können lieben und sich versöhnen.

Wahre Werte
Sind immer mehr wert
Als habgieriges Raffen.

Augen treffen sich
Und sprechen miteinander,
Ohne ein Wort zu sagen.

Kunst ist die Kunst,
Weisheit in Form
Zu gießen.

Das Wesen
Des Lebens
Ist das ständige Weitergehen.

Weise Meise
Und alte Eule.
Weise kleine Mädchen
Und freie Jungs.

*Dass der Tag beginnt
Und endet, weiß jede:r,
Aber ihn richtig zu nutzen,
Verstehen die wenigsten.*

*Wir sind
Das Morgen,
So wie das Gestern
Das Heute ist.*

*Münzen und Geldkarten.
Bitcoins und Quantenkapital.
Die Welt will tauschen, aber wer tauscht
In Weisheit um?*

*Wir Menschen kämpfen
Seit tausend Generationen
Und haben längst vergessen,
Warum wir uns bekämpfen.*

*Der Weg der Weisen
Ist nicht leicht.
Er ist voll Entbehrungen, Schmerz,
Sorgen und nächtelangen Studien.*

*Weißt du,
Was du weißt oder
Weißt du auch,
Was du nicht weißt?*

So wie die Vögel
Frei fliegen,
Wollen die Menschen
Über die Erde ziehen.

Ein kleines Kind
Kann die Macht haben,
Die ganze Erde zu verwandeln,
Denn andere vor ihm haben es bewiesen.

Über den Dächern,
Selbst hoch über den Wolken
Warten Abenteuer
Auf die Neugierigen.

Atmen heilt.
Seit alter Zeit
Üben die Weisen die Atemkunst.

Finde den tiefsten Sinn
Und mach ihn zum Startpunkt
Deines Neubeginns.

Weise weichen
Den Gewalten
Durch Nachsicht und Güte aus.

Diese Welt verbirgt Wahrheiten,
Die größer und fantastischer sind
Als alles, was du dir vorstellen kannst.

Wenn Wahrheit heilt;
Warum ist die Welt dann voll Leid?
Weil die Menschen akzeptieren,
Dass sich alle gegenseitig belügen.

Wir folgen unseren Trieben,
Anstatt wir sie besiegen
Und zu einem besseren Leben vordringen.

Die Wahrheit ist,
Dass wir sterblich sind,
Also stelle dich deinem toten Gesicht.

Brüder und Schwestern haben sich
Jahrhunderte lang erschlagen,
Weil sie nicht ertragen haben, ihre elterliche Liebe
Zu teilen. Dabei ist Liebe das Teilen.

Weise kleine Reime
Führen ins geheime Reich
Der heilenden Wahrheit.

Was Kinder scheuen,
Die Alten bereuen.
Wer versteht den Lauf der Zeit?

Kleine weise Triebe
Reifen zu großen Stämmen
Des Wissens und Verstehens.

Ein Fluss entspringt
Und verwandelt sich
In einen reißenden Strom:
So verstehe dein Studium.

Ein Moment der Einsicht
Wiegt mehr als
Tausend Jahre Dummheit.

Das Wissen reift so langsam,
Weil alle glauben,
Es liegt außerhalb.

Dummheit ist die wahre Ursache
Für Krieg, Hunger und Armut.
Rette die Welt und werde klug.

*Verben schlängeln sich
Um die Säulen der Nomen,
Während Adjektive alles verschönern.*

*Unsere Welt ist
Voller Katastrophen und
Sie wartet auf die Generation,
Die es richten wird.*

*Weise warten nicht
Auf den richtigen Moment,
Sie erschaffen ihn.*

Wahrheit und Weisheit
Sind zwei Seiten
Einer Medaille.

Das Wahre spiegelt sich in
Einem stillen Bergsee.
Lass den Wind deines Geistes ruhen
Und sieh ins unbewegte Wasser.

Wahrer Reichtum
Ist nicht Gold und Besitz,
Sondern Sicherheit und Freiheit
Im gleichen Augenblick.

Du kannst wählen
Und zwar in jedem Augenblick
Deines Lebens.

Hänge nicht an dem,
Was dich unglücklich macht.
Verstehe, was dein Herz
Wirklich erfüllt.

So viel Krieg
Beweist die Geschichte.
So wenig Kluge
Finden sich in jenen Zeiten.

Wage auf die Kraft
Deines wunderbaren Geistes
Zu vertrauen.

Es gab Weise
In der menschlichen Geschichte,
Aber die Welt hörte ihnen nicht zu
Und versank deshalb im Elend.

Das Jahr kreist
Von Hitze zu Schnee.
Auch die Gedanken kreisen
Von Leid zu Erlösung.

Dunkle Zeiten
Werden immer erscheinen,
Aber das Licht des Verstehens
Kann uns leiten.

Was der Pfad der Wahrheit ist,
Fragt das kleine Kind.
Es ist das Sehen des Herzens,
Antwortet der alte Mann.

Geh mit Mut
Deinen Weg und vertraue
Auf die Kraft deiner Gedanken,
Dich vernünftig zu führen.

Nimmermehr;
Sprach einst ein Rabe.
Nimmermehr der Dummheit
Entscheidungen überlassen.

Offene Augen sehen
Und offene Geister verstehen
Und sie fließen in die Worte
Der Wahrheit offener Münder.

Immer schnellere Autos
Und Flugzeuge und doch
Ist der Geist unser
Schnellstes Gefährt.

Weise weilen
In den Hainen
Offener Weiten.

Die Welt dreht sich,
Weil nichts und niemals
Still steht.

Was wird sein,
Ist die Frage.
Was war,
Ist die Antwort.

Haben oder sein
Oder das
Sein haben?

Menschen glauben,
Weil sie nicht wissen.
Menschen glauben, weil sie die Arbeit
Scheuen, alles zu durchdenken.

Wenn Weisheit ein Berg ist,
Dann sind die Gipfelstürmer jene,
Die das wahre Wesen verstehen.

*Wahrheit ist der Lohn
Für endlose Stunden
Harten Studiums.*

*Eltern waren Kinder
Und Kinder werden Eltern.
Dein Platz war und
Wird einst fremdgefüllt.*

*Jahre des Studierens
Sind Jahre, die
Nicht verschwendet waren.*

Mehr sein.
Mehr tun.
Mehr verstehen.
Mehr geben.

Sei oder sei nicht.
Egal, was dein Weg ist,
Lass ihn weise sein.

Weisheit ist die Frucht
Eines langen Studiums
Der Theorie und Praxis.

Weil Fehler unvermeidbar sind,
Ist Reflexion der Schlüssel
Zum Erfolg.

Weise Männer schweigen,
Wenn Narren mit Gewalt
Die Klugen ermorden.

Wer nicht weiß, wie brutal
Die Vergangenheit der Menschheit war,
Der wird es nie glauben,
Aber es war noch schlimmer.

Was ist nötig und
Was ist überflüssig und
Raubt dir die Zeit
Fürs Wesentliche.

Verstehe dich
Und du wirst
Die Welt verstehen.

Fange deine Chance.
Doch wie findest du sie?
Nur indem du genau hinsiehst
Und exakt verstehst, wie die Dinge sind.

Während Narren blind
In ihr Unheil rennen,
Wird sich der Weise des Weges,
Der vor ihm liegt, voll bewusst.

Alle Menschen haben Ohren,
Aber die wenigsten hören
Genau hin.

Du wirst die Wahrheit finden,
Wenn du am richtigen
Ort suchst.

*Zu viele träumen, ohne
Sich genügend den Kopf
Zu zerbrechen, wie sie
Ihre Träume wahr machen.*

*Wenn Weise wählen,
Dann auf der Höhe
Ihres Verstehens.*

*Es gibt Hoffnung
Für die Welt, denn
Der menschliche Geist ist
Ein Wunderwerkzeug.*

Leise kriecht die
Dummheit in die Geister
Der Menschen. Laut müssen
Die Weisen sie vertreiben.

Still und tief
Wie ein eiskalter, klarer Bergsee
Analysiert der Weise.

Zu verstehen,
Was Gefühl ist, um es
Vorurteilsfrei fließen
Zu lassen.

*Wege führen
Hinauf oder
Hinab.*

Märchen für Kinder sind schön.
Aber die Märchen, die sie den
Wählern* verkaufen, sind gefährlich.

*Mein, dein, sein;
Aber der wahrhaft größte Besitz
Ist gemeinsam.*

Weise finden die Grenze,
Wo das Überlegen enden und
Zu Taten werden muss.

Lass dich
Von deiner Fantasie
In ein besseres Land treiben.

Die Macht der Imagination
Hat wirklich die Kraft,
Berge zu versetzen.

Neue Träume
Gebunden in
Ruten der Weisheit.

Wir können alles schaffen
Mit der Kraft
Unserer Gedanken.

Sieh, was ist
Und verstehe,
Was sein könnte.

Hinter den Vorhang
Der Weltbühne sehen
Und die Zusammenhänge verstehen.

Naive glauben,
Die Welt ist, wie sie scheint.
Weise wissen,
Die Welt ist, wie sie ist.

Hilf, soviel du kannst
Und es gibt eine höhere Chance,
Dass dir geholfen wird,
Wenn du Hilfe brauchst.

*Wahre Flügel tragen
Zu den Höhen
Größten Wissens.*

*Wahre Größe
Erkennt man nicht äußerlich.
Wahre Größe ist etwas,
Das aus dem Inneren kommt.*

*Sieh weise,
Wie die Weisen
Entscheiden.*

Emotionen fließen
Zwischen Liebe und Hass.
Weisheit ist die Kraft,
Emotionen ohne Reue zu genießen.

Dort oder hier?
Nur der Geist kann fliegen
An jeden Ort über alle
Grenzen hinweg.

Gaben für die Armen
Sind die Taten
Der wahren Reichen.

Geld scheint
Unausweichlich und
Doch beweisen Millionen Reiche,
Es ist nicht der Weg zum Glück.

Viele Augen schauen.
Angst und Misstrauen.
Nur manche tragen ein
Lächeln ohne Vorurteile.

Weise Weisen
Weisen ins heile
Verweilen.

Zu leben
Ist ein Geschenk,
Dass es zu schätzen gilt.

Sinn im Leben
Lässt sich finden,
Wenn du ehrlich zu dir bist.

Wahre und falsche Freundschaften.
Die einen sind der größte Schatz.
Die anderen sind eine gigantische Last.

Fragen und Antworten.
Suchen und finden.
Beides hat denselben Grund.

Die Welt der Ideale
Verbirgt eine alte
Geheime Bibliothek, in der alles
Weltwissen zu finden ist.

Sieh die Alten und begreife,
Das ist auch dein Weg.
Deshalb helfe den Alten, denn nur
So wirst du Hilfe erhalten.

Alle wollen reich werden,
Aber niemand begreift mehr,
Was die wirklich reichen Werte sind.

Not macht erfinderisch,
Sagt der Volksmund,
Aber die Wahrheit ist,
Gute Bildung erfindet mehr.

Wissen ohne zu verstehen,
Ist wie essen,
Ohne satt zu werden.

Musiziere
Und lass die
Weisheit klingen.

Menschen können
Sich lieben oder hassen.
Es ist Weisheit, die
Dauerhaft die Liebe nährt.

Überall auf der Welt
Beuten Menschen andere Menschen aus.
Dabei sind die reichsten Länder jene
Mit der höchsten Rate an Kooperation.

Die Welt wird sich noch ewig
Weiterdrehen, aber dein Leben wird
Bald enden und du musst jede Sekunde
Sinnvoll nutzen.

Der Pfad der Weisen
Führt durch die Dornenfelder
Und durch dunkle Täler und durch
Schlaflose Nächte des Studierens.

Kein Moment ist anders.
Jeder ist besonders. Dennoch haben
Manche besonders viel Weisheit
Aus einigen Momenten herausgeholt.

Die Energie
Der Weisheit
Ist ein Mysterium.

Tief sehen und
Verstehen, was
Die Welt bewegt.

Wachse wie ein Baum
Dessen Früchte, die Früchte
Der Weisheit sind.

Wenn wir zu den Sternen fliegen,
Wollen wir dorthin Dummheit oder
Weisheit mitnehmen?

Lerne und
Übertriff dein
Altes Selbst.

Negativ und positiv
Können sich langfristig
Komplett umkehren.

Eine weise Welt
Ist viel reicher
Als ihr Geld.

Jeder hat die gleiche Zeit,
Aber die Weisen schaffen es,
Tiefer in die Zeit zu tauchen.

Wähle weise oder lass zu,
Dass der Lauf der Welt
Für dich entscheidet und du
Unnötig leidest.

Das Leben ist reines Chaos.
Es ist die Weisheit,
Die Sinn im Unsinn findet.

Höre nicht,
Was die Menschen sagen,
Höre, was sie meinen.

Mit geschlossenen Augen fühlen,
Was oberflächlich nicht
Zu sehen ist.

Was wir sind und
Was die Welt denkt,
Was wir sind,
Sind zwei Dinge.

Mit nacktem Geist
In die Wirklichkeit eintauchen
Und nur noch Wahrheit sein.

Lass einfach
Alles fließen
Und lerne zu genießen,
Ohne in Sorgen zu zerfließen.

Warum belügen wir uns,
Wenn wir doch wissen,
Dass die Lüge die Basis
Für Unglück ist?

Was ist die Wahrheit
Deines Wesens, wenn feststeht,
Dass es nicht das sein kann,
Was andere über dich sagen?

Wir haben zu viele Namen
Für nutzlose und schmerzhafte Dinge
Und zu wenige Namen für die Liebe.

Wir fahren und fliegen
Immer schneller,
Aber kaum einer kennt
Das Ziel seines Lebens.

Nicht ist der Kern
Deines Wesens das, was du denkst.
Deshalb versenkt sich der Weise
In sich selbst.

Ein runder Ball namens Erde,
Auf dem sich endlose
Geheimnisse verbergen.

Auch Weise müssen
Durch die harten Zeiten,
Aber sie wissen jede Tat zur Besserung
Wird früher oder später Früchte tragen.

Weniger ist mehr
Für jene, die alles wollen.
Aber was du wollen solltest,
Ist soviel Weisheit wie möglich.

Was Weisheit kann,
Ist, zu analysieren und
Zu identifizieren, was die
Probleme ausgelöst hat.

Es weise wagen,
Nach den Träumen des Herzens
Zu greifen.

Tiefer sehen
Und immer mehr verstehen,
Um unsere Leben zu verbessern.

Weise reifen
Und nach den
Sternen greifen.

Tu einfach deine Augen schließen
Und sieh ganz tief in dich rein.
Dann wird deine Weisheit sprießen.

Schwere Zeiten reifen,
Wenn Menschen falsche
Entscheidungen treffen.

Zu viele lästern
Über die anderen.
Zu wenige arbeiten
An ihren eigenen Fehlern.

*Weise Zeiten
Werden den Weg zum
Weltfrieden beschreiten.*

*Wir können blind hoffen
Oder sehend verstehen,
Wie wir aus der Krise
Herausmanövrieren.*

*Ich wage zu sagen,
Dass die guten Tage
Kommen, wenn wir beginnen,
Klüger zu handeln.*

*Wie viel Liebe
Und Zeit wir unseren
Kindern schenken, zeigt wie viel
Weisheit wir leben.*

*Es gibt viele Wege im Leben,
So eben auch den
Weg der Weisheit.*

*Bevor du weißt,
Was richtig und falsch,
Höre zu und lerne.*

Die Weltwirtschaft
Wirtschaftet nur so gut, wie hoch
Ihre wirtschaftliche Weisheit ist.

Keine Freundschaft
Kann ohne ein Mindestmaß
An Weisheit überleben.

Du kannst an allem sparen,
Aber spare niemals
Am Nachdenken.

Weise Reime
Leiten auf die höchste Weise
Zum Heile.

Alte Männer und Frauen
Schwadronieren durch Wälder, Felder
Und Heiden, weil ihr Herz sich nach
Der Tiefe der natürlichen Weisheit sehnt.

Wenn wir kämpfen,
Dann kämpfen wir fast immer
Gegen die Dämonen unseres Geistes.

*Glaube an die Macht
Der Gedanken,
Alles zu erschaffen.*

*Kleine Schritte.
Viele Stunden.
Studien ohne Ende.*

*Folgt mir
Ins Reich
Des allmächtigen Geistes.*

Ihr seht die Weisen.
Ihr hört von den Weisen.
Als sie geboren, hatten sie nicht mehr
Als ihr, als ihr geboren.

Legenden der alten Zeit,
Die durch ihre Weisheit
Unvergessen sind.

Wenn Dummheit
Wie ein dunkler Geist ist.
Dann ist Weisheit
Der geistige Sonnenschein.

Viele Menschen sind blind,
Aber nicht weil sie nicht sehen können,
Sondern weil ihr Geist nicht versteht.

Weise kleine Schritte
Auf dem Weg zu den
Großen Geheimnissen des Lebens.

Meine Welt ist deine Welt,
Denn deine Welt ist nicht meine Welt.
Unsere Welt ist, was uns
Zusammenhält.

Alle fragen, ob es Götter
Und Außerirdische gibt;
Zu wenige fragen, zu was ihr
Geist alles fähig ist.

Intelligenz ist
Das ungezügelte Pferd,
Das mit Weisheit auf dem
Sicheren Pfad vorwärtsdrängt.

Weise tun
Das weise Tun
Der weisen Tugend.

Wir haben keine Chance
Und müssen mit Dummen kommunizieren,
Aber wir müssen aufpassen,
Dass wir uns nicht mit Dummheit anstecken.

Die Zukunft liegt immer
Im ungewissen Dunkeln,
Aber Weisheit ist
Die Lampe in der Nacht.

Fachidioten
Wissen viel, aber
Verstehen das
Große Ganze nicht.

Quarks, Bits und Quanten,
KI und maschinelles Lernen,
Aber all das wird in die Hose gehen,
Wenn wir Menschen unsere Weisheit verlieren.

Finde dich,
Indem du die Weisheit
Als Karte nutzt.

Überleben
Durch überlegen.
Triumphieren
Durch fantasieren.

Kultur ist
Ein Konstrukt
Aus mentalen Seilen.

Wächst unser Land
Oder schrumpft es,
Anders gefragt, wächst unsere
Weisheit oder schrumpft sie?

Der größte Trumpf
Der Menschheit
Ist ihr grenzenloser Geist.

Unser Geist ist, wie er ist,
Wegen der geistigen Nahrung,
Die wir ihm geben.

Füttere dich mit
Den Lehren der Weisen
Und du wirst weise
Denken lernen.

Wenn du den Dummen
Zu glauben beginnst,
Hast du den Weg betreten,
Auf dem du dumm wirst.

Während du schläfst,
Dreht sich dein Geist weiter
Und denkt, indem er fantasiert.

Die Grenzen des Lebens
Sind Tod und Geburt.
Dazwischen ist alles möglich.

Alle wollen weise sein,
Aber nur wenige setzen sich hin
Und überlegen, bis sie
Weisheit erlangen.

Der tiefe Sinn des Lebens
Findet sich in einer Form der Liebe,
Die nicht sexuell ist.

Wahrhafte Tatkraft,
Die wahre Größe
Erschafft.

Leben um
Andere zu lehren,
Besser zu leben.

Weise erkennen,
Was der Sinn
Des eigenen Lebens
Sein kann.

Tauche tief
In deinen Geist
Und lass dich auf
Seine Wunder ein.

Wir sind geboren und
Haben dann ein Leben lang Zeit
Zu wählen, welchen Weg
Wir gehen.

Unsichtbar
Ist der Geist und
Mächtiger als alles sichtbare.

Ein Tag ist lang für die Faulen,
Aber für die Fleißigen zu kurz
Und doch ist der Faulen
Lebenszeit sinnlos verloren.

Weisheit hat die Kraft,
Allen Kummer und alle Sorgen
In Luft aufzulösen.

Werde klug und klüger
Und finde heraus,
Was die Welt wirklich braucht.

Da dein Tod
Unausweichlich ist:
Was machst du
Zum Sinn deines Lebens?

Wahrheit
Ist reine Macht.
Wahrheit hat die Kraft,
Die Welt besser zu machen.

Weise wirst du,
Indem du immer
Mehr weise Dinge tust.

Den Unterschied
Zwischen Weisheit und Dummheit
Erkennst du vor allem am
Langfristigen Ergebnis.

Eine weise Jugend
Ist die beste Garantie
Für eine glückliche Zukunft.

Wer denkfaul ist,
Soll sich nicht wundern,
Wenn er im Alter
Unglücklich wird.

Wagt mit den
Augen des Geistes
Zu sehen.

Hoffnung gibt es,
Solange unsere Gedanken
Frei sind.

*Schwer wiegt
Die Vergangenheit.
Zerschneide weise die Ketten,
Die dich an die Vergangenheit binden.*

*Eine Welt, die alles hat,
Um perfekt zu sein, die aber
Ständig versagt, weil sie Habgier
Statt Weisheit wählt.*

*Wir wissen, das wir wissen,
Aber wir machen nichts
Aus unserem Wissen.*

*Weisheit kann
In jedem Augenblick
Die Welt verzaubern.*

*Denke nach
Und wähle
Den klügeren Pfad.*

*Du willst ein besseres Leben,
Was glaubst du, außer Weisheit
Kann dir das geben?*

Der wahre Reichtum
Sind die Menschen, die mit uns
Sind und nicht das Geld und
Der Aktienbesitz.

Wahre Weisheit zeigt
Sich an gütigem und
Mitfühlendem Verhalten.

Die wahre Größe eines Menschen
Ist die Kraft, in die Dinge mental
Einzudringen und sie zu verstehen.

*Kindern alles Glück
Zu schenken, das möglich ist,
Ist eine weise Entscheidung.*

*Lauf bis ans Ende der Welt.
Lauf allem davon; aber deinem Geist,
Deinen Gedanken und Erinnerungen
Kannst du nicht entkommen.*

*Das größte Geheimnis
Ist die Erkenntnis
Unseres wahren Wesens.*

Der Mensch ist nicht allein
Und doch ist es unsere Fähigkeit
Des Geistes, was uns von
Den Tieren unterscheidet.

Das größte Wunder
Der Erde ist der
Selbstreflexive Geist.

Wir sind
So viele Menschen und
Denken so wenig nach.

Viele warten und
Langweilen sich,
Andere denken
In dieser Zeit nach.

Solange die Welt
Der Dummheit nachläuft,
Wird sie am Abgrund leben.

Eine bessere Welt
Entsteht in den Köpfen
Der Menschen, die in ihr leben.

Gründe scheint
Es viele zu geben,
Aber nur die tiefen Gründe
Sind erstrebenswert.

Nahezu alles
Funktioniert nach Regeln,
Die zu ergründen
Zum Problemlosen führt.

Weise alles
Neu machen und
auf die alten Dramen verzichten.

*Keine Weise
Der Weisheit weiß alles
Und doch ist Weisheit
Immer der beste Weg.*

*Der Glaube unfehlbar zu sein, ist
Ein Zeichen der Idiotie.
Der Weise lernt
Aus seinen vielen Fehlern.*

*Fragen stellen
Und Antworten suchen,
Ist die Essenz
Des weisen Lebens.*

Die Frage ist nicht,
Ob es eine Antwort auf alle Fragen
Gibt, sondern ob es Fragen
Für alle Antworten gibt.

Tausend Jahre und wir Menschen
Scheinen kein bisschen klüger: Immer
Noch wollen wir mit dem Kopf durch die
Wand, anstatt ehrlich nachzudenken.

Wagen zu träumen
Und in den Räumen der Träume
Das Quäntchen Realität finden,
Um es ins Reale zu übertragen.

Über den Autor

Nichts,
Niemals,
Nirgendwo,
Aber durch den Urknall prädestiniert!